Wolfgang Amadeus Mozart

Dans un Bois Solitaire

K.308/295b

A Score for Voice and Piano

British Library Cataloguing-in-Publication Data
A catalogue record for this book is available from
the British Library

ARIETTE
„DANS UN BOIS"
für eine Singstimme mit Begleitung des Pianoforte
von
W. A. MOZART.
No 308.
(Deutsche Uebersetzung von Daniel Jäger.)

Mozart's Werke.

Serie 7. No 10.

Singstimme.

Daus un bois so_li_tai_re et som_bre je ____ me prome_
Ein _ sam ging ich_jüngst im Hai _ ne, da ____ ge_

Pianoforte.

nais ____ l'autr' jour, un en _ fant y dormait à l'om _ bre,
wahrt' ich im Ge _ büsch ei _ nen Kna_ben ein_ge_schlum_mert.

c'é _ tait le redou_ta ____ ble A _ mour, ___ c'é _ tait le redou_ta ____ ble A _
Ach! der bö _ se_ A _ mor war's, ___ ach! der bö _ se_ A _ mor

mour. J'ap_pro ____ che, sa beau_ té me flat_te, mais je de_
war's. Wie lag ____ er da so_ schön, so freundlich! doch konnte

1

vais ____ m'en dé _ fier, mais je de _ vais____ m'en dé _ fier; il a_
ihm mein Herz nicht trau'n, doch konnte ihm mein Herz nicht trau'n; denn er

vait ___ les traits d'une in _ gra _ te, que j'a _ vais ju _ ré _ d'ou_bli _ er, que j'a_
glich _ der Un _ dank _ ba _ ren, der Ver _ ges _ sen _ heit ich _ schwur, der Ver_

vais ju _ ré _ d'ou_bli _ er. Il a _ vait la bou _ che ver _ meil _ le, le
ges _ sen _ heit ich _ schwur. Ich fand den Mund so _ feu _ rig, so

teint aussi frais que le sien, un sou _ pir _ m'é_chap_pe, il s'é _ veil _ le, il s'é_
blü _ hend sein Ge _ sicht, und ein Ach! ent_floh mir; er er _ wach _ te, er er_

veil _ le; l'A _ mour se ré_veil _ le de rien, l'A _ _ mour se ré_veil _ le de
wach_te. Ach! A _ mor erwacht un _ ge_weckt. Ach! A _ mor erwacht un _ ge_

Allegro.

rien. Aus_si_tôt dé_ploy_ant ses ai_les et sai_sis_sant son arc ven_geur,
weckt. Plötzlich reg _ ten sich sei _ ne Schwingen, den Rächer_bo _ _ gen spann_te er,

l'u _ ne de ses flè_ches, de ses flè _ ches cru_el_les en par_
ei _ nen sei_ner Pfei_le, sei_ner blu _ ti_gen Pfei_le fass _ _ te

Adagio.

tant, en par_tant il me bles_se au coeur, il me
er, fass _ _ te er, tief durch_bohrt'er mein Herz, tief durch_

Presto.

bles _ se au coeur. Va! va, va, va,_ dit - il,
bohrt' er mein Herz. Fort! fort, fort, fort, rief er,

cresc. _ _ _ _ sp

Allegro.

va, dit il, aux pieds de Syl _ vi _ e, de nou_veau lan _ guir_____ et bru _
fort, rief er, zu Syl_vi_ens Fü _ ssen! Fühl' auf's Neu_e Her _ zensqual und

ler! Tu l'ai_me_ras tou_te ta vi _ e, pour a_voir o _ sé_ m'é_veil _ ler,
Glut! Lie_ben sollst du sie nun,weil du le_best; dies die Strafe,

sé _ m'é _ veil _ ler,_____ pour a_voir o_sé_____ m'é_veil _ ler.
dass du mich er _ weckt,_____ dies die Stra_fe,_ dass du mich er _ weckt.

4

Lightning Source UK Ltd.
Milton Keynes UK
UKIC03n1214161115
262822UK00004B/16